Angelika Tzschoppe
Durch die Jahreszeiten
mit Haiku - Versen

ANGELIKA TZSCHOPPE 1945 in
Oberfranken geboren, lebt in Hollfeld in der
Fränkischen Schweiz. Sie ist verheiratet, hat
zwei Söhne und drei Enkelkinder. Sie liebt
Bücher und Gedichte.

Angelika Tzschoppe
Durch die Jahreszeiten
mit Haiku - Versen

Bibliografische Information der Deutschen
Nationalbibliothek
Die Deutsche Nationalbibliothek verzeichnet
diese Publikation in der Deutschen
Nationalbiografie,
detaillierte bibliografische Daten sind im
Internet über http://dnbdnb.de abrufbar.

© 2020 Angelika Tzschoppe
Herstellung und Verlag:
BoD – Books on Demand, Norderstedt

ISBN **9783750497511**

Inhalt

5

Vorwort

Eines Tages kamen beim Durchstöbern alter Bücher ein paar vergilbte Blätter zum Vorschein: Haiku-Gedichte von japanischen Dichtern, ins Deutsche übersetzt.

Das Haiku ist die kürzeste Gedichtform der Weltliteratur. Es besteht aus einer einzigen Strophe von drei Zeilen mit nur siebzehn Silben (5 – 7 – 5).

„Vom Spielerischen ausgehend findet es zur metaphysischer Tiefe, wenn es sie auch meist nur leicht andeutet" (Großer Brockhaus).

Jetzt schreibe ich selbst Haiku-Gedichte
- um die Kostbarkeit eines flüchtigen Moments festzuhalten
- um kleiner Wunder gewahr zu werden
- um meine Sinne zu schärfen
- um mich berühren und beglücken zu lassen

- um nachzudenken und zu meditieren
- und um Danke zu sagen

Bei einigen meiner Bilder habe ich mich von alten Bilderbüchern anregen lassen. Ich möchte meine Freude weitergeben und alle Leser ermuntern die vier Jahreszeiten bewusst zu erleben.

Frühling

Starker Löwenzahn -
mitten auf der Autobahn
sprießt dein sattes Gelb.

*

Dicker Baumstamm du –
doch ein Fußtritt fällt dich um,
warst im Innern hohl.

*

Birnbaum, knorrig, alt –
deine Zeit der Frühling ist;
er macht dich zur Braut.

*

Was für ein Geruch!
Erde umgegraben, frisch –
Blumen blühen bald.

April

Lämmchen,
wacklig, klein –
bei der Mutter
saugen sie
voller Energie.

März

Frühlingsanfang ist –
doch der gelbe Krokus
trägt
Häubchen weiß aus
Schnee.

Lämmchen, wacklig, klein –
bei der Mutter saugen sie
voller Energie.

*

Wie eine Blume
entfaltet sich langsam
der neue Morgen.

*

Duftig, rosa, weiß –
Blüten wie Zuckerwatte
am Hortensienstrauch.

*

Ein Zusammenspiel –
schmale Gräser, großer Stein,
weich und hart gepaart.

*

Tränende Herzen –
gäb´s euch nicht in der Natur,
man hielt euch für Kitsch.

*

Der schönste Teppich!
Anemonenblütenmeer
im Waldesschatten.

*

Blüte an Blüte –
Verschwenderische Fülle,
nur Mauerblümchen?

*

Krokus und Narziss –
zuverlässig blühen sie
immer Jahr für Jahr.

Mai

Rosa Blütentraum –
und sein Haus bezieht
der Star,
zwitschert froh sein Lied.

März

Hinter dunklem Wald
einer goldnen Kugel gleich
wächst herauf der Mond.

Die Küchenschellen –
silbrig, glänzend, violett,
läuten Frühling ein.

*

Blütenkaskaden –
über Mauervorsprünge
ergießen sie sich.

*

Die Natur zaubert
aus altem Gartenabfall
duftige Erde.

*

Er braucht den Winter,
um neue Kraft zu schöpfen –
mein kleiner Garten.

*

Schon im Februar
trumpft der gelbe Winterling
mit den Blüten auf.

*

Primeln, rot und gelb –
um die Wette blühen sie,
selbst ohne Sonne.

*

Kahl der Apfelbaum –
doch an seinem Fuße blühn
Frühlingsboten schon.

*

Ostersonntag heut,
doch der gelbe Krokus trägt
Häubchen weiß aus Schnee.

*

April

Nächte ohne Frost –
und in voller
Schönheit steht
dein Magnolienbaum.
A.

Mai

Auf dem Rasenstück
explodiert im Sonnen-
schein
Blütenfeuerwerk.
A.

Frühlingsanfang ist,
von wegen Winter ade -
Schnee ohne Ende.

*

Dich wählte ich aus,
wenn ich ein Schmetterling wär –
zartrosa Blüte.

*

Ach, die Akelei –
ungeniert sät sie sich aus,
ich lass sie gewähr´n.

*

Rhododendrenrausch –
rosa, violett und weiß,
prächtig aufgerüscht.

*

16

Wilder Lerchensporn –
sprießt am kalten Bach entlang,
blaues Flammenmeer.

*

Altes Herrenhaus –
eine Glyzinie verhängt
den bröckelnden Putz.

*

Der Magnolienbaum
bangt um seine Blüten heut,
frostig wird die Nacht.

*

Ach, der Schmetterling,
rastlos fliegt er immerzu,
ruht doch in sich selbst.

*

März

Kahl der Apfelbaum –
doch an seinem
Fuße blühn
Frühlingsblumen
schon.

April

Der schönste
Teppich!
Anemonen-
blütenmeer
im Waldesschatten.

18

Unter mir der See –
Wasserglanz in Dunkelgrün,
nur vom Wind gewellt.

*

Rhododendronstrauch
lodert mit einer Inbrunst,
nie so schön wie heut.

*

Gärten verzaubern,
faszinieren, beglücken,
Erdenparadies!

*

Wie gelbe Raupen
hängen Haselnusskätzchen
an kahlen Zweigen.

*

Zwischen den Bäumen
veranstaltet die Sonne
zarte Lichtspiele.

*

Endloser Regen
klebt die Kleider an die Haut,
im Einerlei-Grau.

*

Eine Silberspur
legt sie auf grauem Asphalt,
die kleine Schnecke.

*

Ach, kaum aufgeblüht,
wirft der Wind die Kirschblüten
wieder zu Boden.

*

Mai

Zartrosa Blüte –
wenn ich ein
Schmetterling wär,
dich wählte ich aus.

A.T.

Japans Kirschblüte
Bild für Schönheit
und Aufbruch
und Vergänglichkeit.

A.T.

Rosa Blütenrausch -
Zierkirsche und Blutpflaume
überbieten sich.

*

Die Lieblingsbirke -
jeden Tag etwas grüner,
Wunder des Frühlings.

*

Klein, kurz, bescheiden,
doch kein Sturm kann es knicken -
das Gänseblümchen.

*

Willkommen im Beet,
dicker, kleiner Winterling -
du bist der erste.

*

Samtig, violett
betörender Wohlgeruch,
Märzveilchen im Moos.

*

Welche Blümchen sind schon da?
Märzenbecher, Schneeglöckchen
und der Winterling.

*

Die Gänseblümchen,
immer wieder trotzen sie
dem Rasenmäher.

*

Mit dem weißen Schnee,
um die Wette leuchten sie,
zarte Schneeglöckchen.

*

Inniger Lockruf.
Zaunkönigin,
 wo bleibst du?
Das Nest ist bereit.

Wie gelbe Raupen
hängen Haselnuss-
            kätzchen
an kahlen Zweigen

Frauenmantelblatt -
perlende Wassertropfen,
wie Diamanten.

*

Zitronenfalter -
nur die Männchen leuchtend gelb,
Weibchen, weißlich-grün.

*

Vorfreude im Mai,
Apfelblüten, rosa-weiß,
Ernte im August.

*

Japans Kirschblüten -
Bild für Schönheit und Aufbruch
und Vergänglichkeit

*

Ach Magnolienbaum -
nur drei Blüten ließ er dir,
der nächtliche Frost.

*

Voller runder Mond -
spielt Versteck mit den Wolken,
Schauspiel in der Nacht.

*

Kleiner Schmetterling -
Vermutest du schon Blüten?
Es ist doch erst März.

*

Nach langem Winter
entfaltenZwiebelblüher
bunte Farbenpracht.

*

Die Knospenschuppen -
wie leere Eierschalen
am Kastanienbaum.

*

Momentaufnahme -
zarte Blätter zeigen grün
und entfalten sich.

*

Junger grüner Farn -
aufgerollt das zarte Blatt,
wie beim Bischofsstab.

*

Lautloses Wachsen -
Bäume, Sträucher und Blumen
sind im Frühlingsstress.

*

Primeln farbenfroh
um die Wette
blühen sie
selbst ohne Sonne.

Samtig, violett
"viola adorata"
"Märzveilchen
im Moos

Der Pfingstrosenstrauch -
üppig,duftend und samtig,
Hauch von Romantik.

*

Junge Farnwedel
rollen sich ganz behutsam
aus ihrer Schnecke.

*

Feldhasen feiern
mit himmelhohen Sprüngen
ihr Liebesleben.

*

Inniger Lockruf:
Zaunkönigin, wo bist du?
Das Nest ist bereit!

*

Kirschblüten brechen
aus jedem Astloch hervor,
Sinfonie in Weiß.

*

Wasserperlenspiel
auf den Lupinenblättern
nach dem Mairegen.

***

Sommer

Regen, Sonnenschein
zaubern bunten Bogen jetzt
überm Wolkenmeer.

*

Schöner als bei uns
ist der Sternenhimmel nicht
in der Wüste heut.

*

Lang herbeigesehnt,
stark wie eine Urgewalt
stellt sich Regen ein.

*

Morgen im August –
eingetaucht in flirrend Licht
zeigt der Garten sich.

*

Hinter dunklemWald,
einer goldnen Kugel gleich,
wächst herauf der Mond.

*

Himmelwärts mein Blick –
doch der allererste Stern
ist ein Flugzeug nur.

*

Rascheln in der Nacht –
dir gehört der Garten jetzt,
kleines Stacheltier.

*

Wind- und sichtgeschützt
spür´ ich auf der nackten Haut
warmen Sonnenstrahl.

*

Juni

Grüne Heuberge,
betörender
Grasgeruch –
wie in der
Kindheit.

Juli

Rascheln in der Nacht –
dir gehört der Garten
jetzt,
kleiner Stachelpelz.

Laue Vollmondnacht –
anhalten möcht´ ich die Zeit,
unerfüllt mein Wunsch.

*

Abendlicht am Meer,
Wasser, Himmel sind vereint –
Streifen purpurrot.

*

Heiße Mittagszeit –
Fast kann man sie reifen sehn,
Beeren rot am Strauch.

*

Atem stockt mir jäh,
tust mir wohl und weh zugleich –
Wasser kalt wie Eis

*

Blick dem Himmel zu,
treib´ ich auf dem Wasser hin –
Wind die Wolken jagt.

*

In die Wolken schaun,
eingehüllt in kühles Nass –
was bedarf es mehr?

*

Beeren, schwarz und blau,
gut getarnt im dunklen Moos –
doch die Ernte lohnt.

*

Kühler Schattenplatz,
doch vom alten Nussbaum fall´n
Nüsse in das Gras.

*

Meiner Füße Spur
gierig schluckt
das wilde Meer,
bleibt nur
feuchter Sand. *A.*

August

Juni

Kleiner Singvogel-
auf der höchsten
Baumspitze
ist dein Lieblingsplatz *A.*

Grünes Blätterdach
spendet Kühlung mir und Wind,
Licht- und Schattenspiel.

*

Auf dem Rasenstück
explodiert im Sonnenschein
Blütenfeuerwerk.

*

Schwülwarm heut die Luft –
Garten dampft vor Feuchtigkeit,
wie im Regenwald.

*

Garten in der Nacht,
nur Glühwürmchen leuchten hell,
auf dem Liebestrip.

*

Glocken und Vögel –
Musikwettstreit am Abend.
Die Glocke verstummt.

*

Flieg, Schiffschaukel flieg
und berühre den Himmel –
schon bremst der Holzklotz.

*

Blätter im Sommer
malen Schatten am Boden
wie zarte Spitze.

*

Ranken und Blumen
in verborgenen Gärten –
kleines Paradies.

*

Juli

Heiße Mittagszeit —
fast kann man
sie reifen sehn
Beeren, rot am Strauch.

August

Nichts für den Pilzkorb!
Doch dein Anblick verzaubert,
giftiger Schönling!

Grüne Heuberge,
betörender Grasgeruch –
wie in der Kindheit.

*

Löwenzahnwiesen –
ein Meer aus gelben Sonnen,
Pusteblumen bald.

*

Mähdrescherrattern,
Heuschreckenzirpen –
Musik des Sommers.

*

Sieh, das Spinnennetz –
Seidenfäden filigran
und doch so stabil.

*

Farblose Steine –
überspült sie die Welle,
werden sie Leben.

*

Kleiner Singvogel –
auf der hohen Baumspitze
ist dein Lieblingsplatz.

*

Wie Mädchentage –
Sommerwiesen durchstreifen
und Kränzchen binden.

*

Sieh, den vollen Mond –
durch die Wolken schiebt er sich,
kommt und geht und kommt.

*

Sturzbäche strömen,
Blitze machen Nacht zum Tag,
Donner rollt drohend.

*

Ende des Regens –
der Wind wirbelt Düfte hoch
nach Erde und Gras.

*

Wundervoll duftend,
Kamillenblüten, weißgelb,
zum Kranz gebunden.

*

Himmel azurblau,
wölbt sich übers weit Meer –
Villen, steil am Fels.

*

Juni

Reifer Löwenzahn
fortgetragen von dem Winde
wirst bald neu erblühn

Juli

Altes Kinderglück!
Kirschenzwillinge am Ohr,
Kirschkernspuckwettstreit.

Mit Blitz und Donner
schlägt er noch einmal um sich,
dann stirbt der Sommer.

*

Sie starren mich an,
die Astlöcher der Eiche –
so alt und weise.

*

Mein Garten, ein Ort
gedankenfernen Wühlens,
doch so beruhigend.

*

Frischer Heugeruch,
Blumen, Gräser sind vereint –
Sommerkonzentrat.

*

Leichter Sommerwind,
kein Blatt, das sich nicht bewegt.
Heut treibt er sein Spiel.

*

Hochsommertage,
Bade- und Biergartenzeit
bis tief in die Nacht.

*

Weißer Gartenmohn
mit zerknitternden Blättern –
wie zarte Seide.

*

Die blauen Pflaumen
steigern Farbe und Süße,
sogar in der Nacht.

*

Wie anders riechen
Bäume, Sträucher und Stauden
nach starkem Regen.

*

Köstliche Düfte
nach Erde und nassem Gras,
wirbelt der Wind hoch.

*

Unscheinbar am Tag -
doch des nachts verzaubern sie,
grüne Leuchtkäfer.

*

Kleines Glühwürmchen,
fliegen, leuchten und lieben,
wie beneidenswert.

*

August

Menschenleerer Strand–
Steine, Muscheln,
feiner Sand,
nur für mich allein.

Kühler Tag am Meer
unterwegs die Möwen nur
einsam sonst der Strand.

Glühwürmchennächte -
ach, nur wenige im Jahr,
deshalb so kostbar.

*

Mond hängt im Geäst,
wie ein gelber Lampion,
trunken vom Sommer.

*

Schwere, schwüle Luft
und tiefhängende Wolken
verheißen Unheil.

*

Unter der Fruchtlast
ächzende Apfelbäume,
warten auf Ernte.

*

Stimmen der Natur,
singen mir ein Schlummerlied
unterm Sternenzelt.

*

Papyruspflanzen
erheben im grünen Schilf
die Federkronen.

*

Auf dunklen Teichen
träumen die Lotusblumen
und schaukeln im Wind.

*

Nur ein Tropfen Öl -
und in der Regenpfütze
schillern die Farben.

*

49

Und am Nachthimmel,
wie ein Schwall vergossner Milch,
fließt das Sternenband.

*

Mein Traum im Sommer -
unter den Sternen liegen,
eine ganze Nacht.

*

Grünspecht klopft und kopft,
pro Sekunde zwanzig mal,
das ist sein Rekord.

*

Arme Mohnblume -
denn der Wind beraubte dich
der Blütenblätter.

*

Nichts für den Pilzkorb -
doch dein Anblick verzaubert,
rotweißer Schönling.

*

Noch nass vom Regen
recken die Glockenblumen
sich der Sonne zu.

***

Herbst

Brauner Blätterberg –
sind sechs Monate vorbei,
Frühling kehrt zurück.

*

Holzstoß, meterhoch –
und er wächst mit jedem Tag,
denn der Winter naht.

*

Richtungslos im Wald –
doch ein Kirchturm in der Fern,
da keimt Hoffnung auf.

*

Glänzend braun und rund
sind Kastanien heute nur -
schnell vergeht ihr Glanz.

*

September

Glänzend braun
und rund
sind Kastanien
heute nur –
schnell vergeht ihr Glanz.
AT.

Oktober

Köstliche Trauben
steigern Farbe
und Süße
bei Tag und bei
Nacht.
AT.

Rund und braun und glatt,
doch nur heute wirkt der Glanz
der Kastanienfrucht.

*

Oh, mein Ahornbaum –
Gestern noch im gelben Laub,
heute kahl und leer.

*

Birnen, goldengelb,
wie der Sommer intensiv,
fruchtig, saftig, süß.

*

Regengrauer Tag,
faule Blätter schiebt der Wind.
Herbst, der Winter wird.

*

Regentropfen fall´n,
rollen übers Eichenblatt –
Silberkugeln gleich.

*

Sind Tage kürzer
und Tage kälter, leuchten
die Ahornblätter.

*

Mittagssonnenlicht –
Farben züngeln wie Feuer
in den Baumkronen.

*

Walnussblätterlaub –
meine Füße erspüren
die runden Früchte.

*

Wenn Oktober naht
Blätter sind im Farbenrausch
rot, braun gelb, orange

Oktober

November

Vorbei der Nebel -
die Birkenzweige
weinen
silberne Tränen.

AT

Als wäre er Staub,
sieht man den feinen Regen
im Laternenlicht.

*

Keine Äpfel mehr –
umgefällter Apfelbaum,
wirst Wärme spenden.

*

Die Tropfen hängen
wie eine Perlenkette
an Birkenzweigen.

*

Ach, heute hängen
wie Perlen auf einer Schnur
die Regentropfen.

*

Nebel am Morgen –
gewinnt die Sonne an Kraft,
lösen sich Schleier.

*

Fruchtloser Birnbaum -
aber nachts leuchten Sterne
In deinem Geäst.

*

Vorbei der Nebel –
Sonne lässt Zweige weinen
silberne Tränen.

*

Raschelnde Blätter –
Herbst schleicht Winter entgegen,
sagt leise „Ade".

*

November

Regengrauer Tag,
faule Blätter schiebt
der Wind,
Herbst, der Winter wird
A.T.

O, mein Ahornbaum –
gestern noch in sattem
Gelb,
heute kahl und leer.
A.T.

Oktober

Wie schön der Herbst ist
in seiner Melancholie -
Schubertmelodie.

*

Frisch gekehrter Weg
und schon wieder zugedeckt –
Blätter überall.

*

Keine Nuss am Baum -
heuer suchst du vergebens,
armes Eichhörnchen.

*

Welk, braun und modrig,
die Blätter vom alten Jahr,
die einst frisch und grün.

*

Ach, das Spinnennetz-
Seidenfäden,
dicht an dicht
und doch so stabil.

AT.

September

September

Dem Propeller gleich-
übermütig lässt
der Wind
Lindensamen drehn.

A.

61

Ende September
schüttet Frau Holle ihr Gold
über die Lärchen.

*

In vielen Farben
inszenieren Herbstblätter
großes Spektakel.

*

Spätsommertage,
blauer Himmel,buntes Laub,
schon schwingt Wehmut mit.

*

Wenn Oktober naht,
Blätter sind im Farbenrausch,
rot, braun, gelb, orange.

*

Er gibt sein Letztes,
der herbstliche Farbkünstler,
schöpft aus dem Vollen.

November

Klare kalte Nacht –
Sternschnuppenschwarm im Winter,
der Wünsche sind viele.

Kühler Tag am Meer
unterwegs die Möwen nur
einsam sonst der Strand.

Winter

Kalt die Winternacht –
Stille, die man spüren kann,
Gott zum Greifen nah.

*

Stolze Esche einst –
Brennholz nur geblieben noch,
grimmig war der Frost.

*

Solange er fällt
oder in Bilderbüchern
ist Schnee am schönsten.

*

Bäume, dicht gepflanzt,
Schutz vor kalter Witterung.
jetzt seid ihr zuviel.

*

Nach der kalten Nacht,
Nebel silbrig Raureif wird –
Poesie des Frosts.

*

Wenn Dezember ist –
Nacht kriecht hoch am Nachmittag,
wohnen am Kamin.

*

Altes schiefes Haus –
eine Lichterkette schenkt
Charme und Schönheit dir.

*

Winter sollt´ es sein,
doch im Garten blühen noch
Rosen purpurrot.

*

Januar

Nach der kalten Nacht –
Nebel silbrig Raureif wird
Poesie des Frosts.

Februar

Schnee, wohin ich schau!
Wie im Märchen:
„Süßer Brei" –
alles weiß umhüllt.

Minus oder plus -
tropft er oder bleibt er starr ?
Eiszapfen am Dach.

*

Warnen möchte ich euch,
Knospen, die ihr Frühling wähnt,
noch ist Winterzeit.

*

Alles klingt gedämpft –
Welt zum Schweigen ist verdammt,
watteweich im Schnee.

*

Plötzlicher Schneefall
zwingt die Welt zum Langsamsein –
Zeit für einander.

*

Schneebeladner Ast
wird vom Wind berührt und wirft
Last erleichtert ab.

*

Auf der Schaukel sitzt
Polster dick und weiß aus Schnee,
schaukelt leicht im Wind.

*

Klare Winternacht,
Sternschnuppenschwarm im Winter –
der Wünsche sind viel.

*

Unberührter Schnee –
fast getraue ich mich nicht
einen Schritt zu gehn.

*

Dezember

Jedes Jahr wieder –
Blüten in der
Dunkelheit,
Wunder der Weihnacht
A.

Januar

Kalt die Winternacht –
Stille, die man spüren kann,
Gott zum Greifen nah. A.

Großer Künstler Frost –
du verzauberst jedes Blatt,
das einst hing am Baum.

*

Wie der Mond so fahl -
hinter weißer Nebelwand
taucht die Sonne auf.

*

Er braucht den Winter,
um neue Kraft zu schöpfen –
mein kleiner Garten.

*

Geliebter Winter –
Jahreszeit der Häuslichkeit,
Feuer am Kamin.

*

Nacht im November,
sinkt seit fünf Uhr hernieder,
verändert die Welt.

*

Aststück im Feuer.
Bald zerfällst du zu Asche –
letztes Auflodern.

*

Der Winter bricht ein,
als könne er nachholen
schneelose Wochen.

*

Zarter Schneekristall,
Wunderwerk aus der Natur –
jeder Unikat.

*

Februar

Schnee beladner Ast,
wird vom Wind berührt
und wirft
Last erleichtert ab.
A.T.

Dezember

Alle Jahre neu -
dieser Wunsch in
jedem Land:
Frieden auf der Welt
A.T.

Kaum auf der Erde,
verlierst du deine Schönheit –
kleine Schneeflocke.

*

Lautlos über Nacht,
hat sich auf die Welt gelegt
Federbett aus Schnee.

*

Steinfigur im Beet,
nackt zu jeder Jahreszeit –
jetzt wärmt dich der Schnee.

*

Lieblingsplatz im Beet,
kleiner Nackedei aus Stein,
jetzt gewärmt vom Schnee.

*

Puderzuckerfein,
doch mit großer Ausdauer
stäubt Schnee vom Himmel.

*

Zauberhafte Form –
Wunderwerk der Symmetrie,
zarter Eiskristall.

*

Sieh, den Schneekristall!
Um dich staunen zu lassen,
fiel er vom Himmel.

*

Schnee, wohin ich schau!
Wie im Märchen „Süßer Brei".
Alles weiß umhüllt.

*

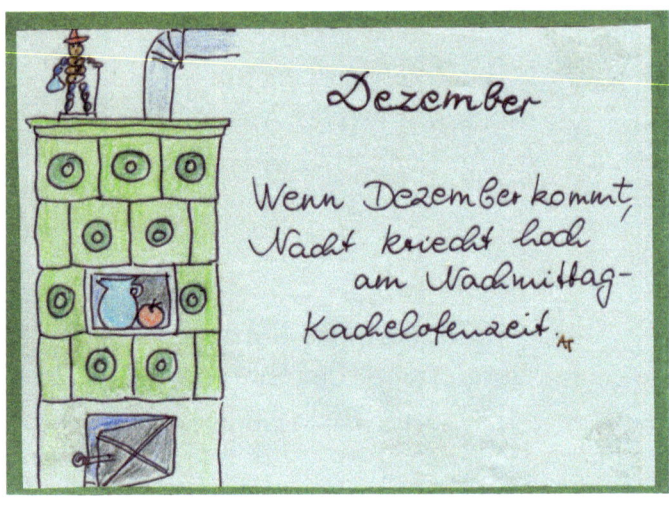

Dezember

Wenn Dezember kommt,
Nacht kriecht hoch
    am Nachmittag-
Kachelofenzeit.

Januar

Lautlos über Nacht
hat sich auf die
Welt gelegt
Federbett aus Schnee

Winterwattwandern –
Statt barfuß und Sonnenschutz,
Gummischuh und Schal.

*

Auf der Bank im Park
täglich saß die alte Frau -
jetzt türmt sich der Schnee.

*

Sieh, im Sonnenlicht
glitzern die Schneekristalle
wie Diamanten.

*

Jede Schneeflocke -
ein sechseckiges Wunder
und einzigartig.

*

Februar

Zarter Schneekristall
Wunderwerk aus der Natur
jeder Unikat.

Mit dem weißen Schnee
leuchten sie um die Wette –
zarte Schneeglöckchen.

Freche Schneeflocken,
tanzen, fliegen und steigen,
wolln nicht zur Erde.

*

Spitze Eisschollen
von bezaubernder Schönheit
am Ufer des Sees.

*

Schwerelos tanzen
im Straßenlaternenlicht
dicke Schneeflocken

*

Barbarazweige -
Blüten in der Dunkelheit,
Wunder der Weihnacht.

***